BEI GRIN MACHT SICH IHR WISSEN BEZAHLT

AF140262

- Wir veröffentlichen Ihre Hausarbeit,
  Bachelor- und Masterarbeit

- Ihr eigenes eBook und Buch -
  weltweit in allen wichtigen Shops

- Verdienen Sie an jedem Verkauf

Jetzt bei www.GRIN.com hochladen und kostenlos publizieren

Bibliografische Information der Deutschen Nationalbibliothek:

Die Deutsche Bibliothek verzeichnet diese Publikation in der Deutschen National-bibliografie; detaillierte bibliografische Daten sind im Internet über http://dnb.d-nb.de/ abrufbar.

Dieses Werk sowie alle darin enthaltenen einzelnen Beiträge und Abbildungen sind urheberrechtlich geschützt. Jede Verwertung, die nicht ausdrücklich vom Urheberrechtsschutz zugelassen ist, bedarf der vorherigen Zustimmung des Verla-ges. Das gilt insbesondere für Vervielfältigungen, Bearbeitungen, Übersetzungen, Mikroverfilmungen, Auswertungen durch Datenbanken und für die Einspeicherung und Verarbeitung in elektronische Systeme. Alle Rechte, auch die des auszugsweisen Nachdrucks, der fotomechanischen Wiedergabe (einschließlich Mikrokopie) sowie der Auswertung durch Datenbanken oder ähnliche Einrichtungen, vorbehalten.

Impressum:

Copyright © 2016 GRIN Verlag
Druck und Bindung: Books on Demand GmbH, Norderstedt Germany
ISBN: 9783668662599

Dieses Buch bei GRIN:

https://www.grin.com/document/416726

Desiree Woitzik

Trainingsplanung. Beweglichkeits- und Koordinationstraining

GRIN Verlag

GRIN - Your knowledge has value

Der GRIN Verlag publiziert seit 1998 wissenschaftliche Arbeiten von Studenten, Hochschullehrern und anderen Akademikern als eBook und gedrucktes Buch. Die Verlagswebsite www.grin.com ist die ideale Plattform zur Veröffentlichung von Hausarbeiten, Abschlussarbeiten, wissenschaftlichen Aufsätzen, Dissertationen und Fachbüchern.

Besuchen Sie uns im Internet:

http://www.grin.com/

http://www.facebook.com/grincom

http://www.twitter.com/grin_com

Deutsche Hochschule für

Prävention und Gesundheitsmanagement

Hermann Neuberger Sportschule 3

66123 Saarbrücken

Einsendeaufgabe

Fachmodul:	Trainingslehre 3
Studiengang:	Fitnessökonomie
Datum **Präsenzphase**	21.11.2016 – 23.11.2016
Name, Vorname:	Woitzik, Desiree
Studienort:	Köln
Semester:	WS 2014

Inhaltsverzeichnis

1 Personendaten

Tab. 1: Personendaten

Alter	23 Jahre
Geschlecht	Weiblich
Körpergröße	168 cm
Körpergewicht	52 kg
Trainingsmotive	Beweglichkeitstraining
Berufliche Tätigkeit	Studentin
Aktuelle sportliche Aktivitäten	Seit 3 Monaten in einem Fitnessstudie Mitglied (2 mal die Woche Gerätetraining, jeweils 60 min)
Frühere sportliche Aktivitäten	Keine
Zeitlicher Verfügungsrahmen	3 mal die Woche, jeweils 60 min
Allgemeiner Gesundheitszustand	Keine Einschränkungen
Leistungsstufe	Anfänger

Im Hinblick auf die Trainierbarkeit lässt sich sagen, dass die Person in der Lage ist regelmäßig Sport zu treiben ohne jegliche Einschränkungen und somit vollkommen belastbar und trainierbar ist.

2 Beweglichkeitstestung

Im Weiteren wird die Beweglichkeit der Person getestet. Dies geschieht mit Hilfe eines vereinfachten Testverfahren zur Beweglichkeitsdiagnostik in Anlehnung an die Muskelfuntkionsüberprüfung nach Janda (2000).

Insgesamt werden 5 Muskelgruppen dazu getestet:

1. Brustmuskulatur (M. pectoralis major)
2. Hüftbeugemuskulatur (speziell M. iliopsoas)
3. Kniestreckmuskulatur (speziell M. rectus femoris)
4. Kniebeugemuskulatur (Mm. ischiocrurales)

5. Wadenmuskulatur (Mm. triceps surae)

Der Test wird im Anschluss direkt ausgewertet und in Stufen eingeteilt. Stufe 0 bedeutet keine Beweglichkeitsdefizite, Stufe 1 bedeutet leichte Beweglichkeitsdefizite und Stufe 2 bedeutet deutliche Beweglichkeitsdefizite (vgl. Janda, 2000, S. 271).

1. Brustmuskulatur (M. pectoralis major) (vgl. Janda, 2000, S. 270)
Die Person legt sich in Rückenlage auf die Behandlungsliege. Die Beine sind dabei angewinkelt, um das Becken zu fixieren. Durch anheben des Beckens oder eine Hyperlordose der Lendenwirbelsäule kann das Testergebnis manipuliert werden. Die Füße stehen dabei fest auf der Auflagefläche. Die Person muss nun durch leichten Zug den Brustkorb von dem zu testenden Brustmuskel diagonal wegziehen. Der zu testende Arm ist im Schultergelenk außenrotiert sowie abduziert. Im Ellenbogengelenk wird eine Beugung von 90° eingenommen. Hier wird die Position des Oberarms zur Horizontalen getestet. Die Normwerte der Testauswertung sind:

- „Stufe 0" bedeutet keine Beweglichkeitsdefiziteder, der Oberarm erreicht die Horizontale und durch leichten Druck sogar unter die Horizontale
- „Stufe 1" bedeutet leichte Beweglichkeitsdefizite, da die Horizontale nur durch leichten Druck erreicht wird
- „Stufe 2" bedeutet deutliche Beweglichkeitsdefizite, die Horizontale sogar durch Druck des Testers nicht erreicht wird

2. Hüftbeugemuskulatur (speziell M. iliopsoas) (vgl. Janda, 2000, S.258)
Die Person legt sich in Rückenlage auf die Behandlungsliege. Das Gesäß schließt mit dem Rand der Behandlungsliege ab und die Beine hängen vorne über. Nun zieht die Person ein angewinkeltes Bein maximal zum Oberkörper ran, während das andere Bein immer noch im Überhang ist. Zu beachten ist nun, dass die Person ihr Becken auf der Liege fixiert und ihre Lendenwirbelsäule nur die natürliche Lordose aufweist, sonst könnte das Testergebnis manipuliert werden. Hier wird nun wie die Position des angehobenen Oberschenkels im Verhältnis zur Körperlängsachse beobachtet. Die Normwerte der Testauswertung sind:

- „Stufe 0" bedeutet keine Beweglichkeitsdefizite, Oberschenkel erreicht die Horizontale und durch leichten Druck sogar unter die Horizontale
- Stufe 1" bedeutet leichte Beweglichkeitsdefizite, da der Oberschenkel nur durch leichten Druck die Horizontale erreicht wird
- „Stufe 2" bedeutet deutliche Beweglichkeitsdefizite, da der Oberschenkel auch durch Druck nicht die Horizontale erreicht

3. Kniestreckmuskulatur (speziell M. rectus femoris) (vgl. Janda, 2000, S. 258)

Die Person legt sich in Rückenlage auf die Behandlungsliege. Wieder zieht die Person ein angewinkeltes Bein maximal weit zu ihrem Körper heran. Das andere Bein wird im größtmöglichen Hüftextensionswinkel fixiert und in einen maximalen Kniebeugewinkel gebracht. Auch hier führt ein Anheben des Beckens oder eine Hyperlordose der Lendenwirbelsäule zu Manipulationen. Geschaut wird hier nach dem Winkel zwischen Ober- und Unterschenkel. Die Normwerte der Testauswertung sind:

- „Stufe 0" bedeutet keine Beweglichkeitsdefizite, da der Unterschenkel senkrecht herab hängt und durch leichten Druck sogar darüber hinaus kommt
- „Stufe 1" bedeutet leichte Beweglichkeitsdefizite, der Unterschenkel ist leicht nach vorne gestreckt und nur durch leichten Druck wird der 90° Winkel erreicht
- „Stufe 2" bedeutet deutliche Beweglichkeitsdefizite, da der Unterschenkel deutlich nach vorne gestreckt ist und auch durch Druck wird der 90° Beugewinkel nicht erreicht

4. Kniebeugemuskulatur (Mm. ischiocrurales) (vgl. Janda, 2000, S. 261)

Die Person legt sich in Rückenlage auf die Behandlungsliege. Das nicht zu testende Bein ist in der Hüfte und im Knie angewinkelt und der Fuß steht auf. Das zu testende Bein wird in die maximale Hüftflexion gebracht, wichtig ist, dass das Bein gestreckt bleibt. Auch hier führt ein Anheben des Beckens oder eine Hyperlordose der Lendenwirbelsäule zu Manipulationen. Die Normwerte der Testauswertung sind:

- „Stufe 0" bedeutet keine Beweglichkeitsdefizite, da die Flexion im Hüftgelenk von 90° möglich ist

- „Stufe 1" bedeutet leichte Beweglichkeitsdefizite, da die Flexion im Hüftgelenk zwischen 80°- 90° möglich
- „Stufe 2" bedeutet deutliche Beweglichkeitsdefizite, da die Flexion im Hüftgelenk nur unter 80° möglich ist

5. Wadenmuskulatur (Mm. triceps surae) (vgl. Janda, 2000, S. 255)

Die Person legt sich in Rückenlage auf die Behandlungsliege. Das nicht zu testende Bein ist gebeugt und steht mit dem Fuß auf. Das andere Bein ist gestreckt. Der Unterschenkel ragt über die Liege raus. Mit einer Hand wird der untere Teil des Fersenbeins gegriffen, die andere Hand greift den Fuß an der Außenkante. Nun wird der Fuß distalwärts gezogen und der Daumen der anderen Hand drückt achsengerecht den Vorfuß leicht Richtung Schienbein. Zu beachten ist, dass der Druck des Daumens am äußeren Fußrand erfolgt, da es sonst aufgrund einer reflektorischen Anspannung des Wadenmuskels zu einer Verfälschung des Testergebnisses kommt. Die Normwerte der Testauswertung sind:

- „Stufe 0" bedeutet keine Beweglichkeitsdefizite, eine 90° Stellung zwischen Fuß und Unterschenkel ist mindestens möglich
- „Stufe 1" bedeutet leichte Beweglichkeitsdefizite, da eine Dorsalextension von 0° nicht erreicht wird, jedoch möglich ist
- „Stufe 2" bedeutet deutliche Beweglichkeitsdefizite, da eine Dorsalextension nur bis 10° unterhalb der 0°- Stellung möglich ist.

Tab. 2: Testergebnisse

Test	Ergebnis
Brustmuskulatur	Stufe 0
Hüftbeugemuskulatur	Stufe 0
Kniestreckmuskulatur	Stufe 1
Kniebeugemuskulatur	Stufe 0
Wadenmuskulatur	Stufe 0

Im Hinblick auf die Testergebnisse der Person lässt sich sagen, dass eine sehr gute Beweglichkeit vorgewiesen wird. Ausschließlich in der Kniestreckmuskulatur sind leichte

Beweglichkeitsdefizite zu sehen. Ziel wird es sein, noch etwas mehr auf die betroffene Muskelpartien zu legen und die Beweglichkeit der restlichen Muskulatur stabil zu halten.

3 Trainingsplanung Beweglichkeitstraining

Tab. 3: Dehnprogramm

Dehnübung	Dehnmethode	Zielmuskulatur	Durchführung
Dehnung der Schulterblattfixatoren	aktiv, statisch	Obere Anteil des Trapezmuskels, Rautenmuskulatur	Es wird ein aufrechter und Stand eingenommen. Die Füße stehen etwas mehr als Hüftbreit auseinander und die Rumpfmuskulatur baut Spannung auf. Die Knie sind leicht angewinkelt. Das Becken ist fixiert, der Rücken ist gerade und der Kopf in Verlängerung der Wirbelsäule. Die Hände werden verschränkt und die Arme werden in Schulterhöhe nach vorne gehoben. Die Schulterblätter werden nun aktiv nach vorne gezogen und der Kopf nach vorne eingerollt.
Dehnung der Brust- und Armbeugemuskulatur	aktiv, statisch	große Brustmuskel, vordere Anteil des Deltamuskels, zweiköpfige Armbeuger	Es wird ein aufrechter und stabiler Stand eingenommen. Die Füße stehen etwas mehr als Hüftbreit auseinander und die Rumpfmuskulatur baut Spannung auf. Die Knie sind leicht angewinkelt. Das Becken ist fixiert, der Rücken ist gerade und der Kopf in Verlängerung der Wirbelsäule. Die Arme werden hinter dem Kopf verschränkt, sodass die Handflächen nach hinten zeigen. Die gestreckten Arme werden aktiv zurück nach oben gezogen.
Dehnung der Bauch- und Schultermuskulatur	passiv, dynamisch	Gerade Bauchmuskulatur, äußere sowie innere schräge Bauchmuskulatur, große Brustmuskel, breite Rückenmuskel	Es wird ein aufrechter und stabiler Stand eingenommen. Die Füße stehen etwas mehr als Hüftbreit auseinander und die Rumpfmuskulatur baut Spannung auf. Die Knie sind leicht angewinkelt. Das Becken ist fixiert, der Rücken gerade. Der Kopf in Verlängerung der Wirbelsäule.

Tab. 4: Dehnprogramm

Dehnübung	Dehnmethode	Zielmuskulatur	Durchführung
			Die Arme werden vom Körper abgespreizt und über den Kopf gehoben und verschränkt. Der Brustkorb wird nach vorne geschoben und der Oberkörper leicht zur Seite geneigt. Zusätzlich wird die Dehnung durch einen Zug an dem zur Beugeseite gegenüberliegenden Arm verstärkt. Immer wieder in die Ausgangsposition zurückkehren und erneut die Dehnposition einnehmen.
Dehnung der Rückenstrecker	Aktiv, dynamisch	Rückenstrecker	Es wird ein Vierfüßlerstand am Boden eingenommen. Es wird eine physiologische Rückenhaltung eingenommen. Der Kopf ist in Verlängerung der Wirbelsäule. Der Oberkörper wird auf den Händen abgestützt , welche ein bisschen mehr als schulterbreit auseinander sind. Die Fingerspitzen zeigen leicht nach innen. Die angewinkelten Ellenbogen zeigen leicht nach außen. Die Beine und das Becken werden auf den Knien abgestützt. Das Hüft- und Kniegelenk sind dabei um circa 90° gebeugt. Die Bauchmuskulatur wird aktiv angespannt und die Wirbelsäule nach oben gewölbt. Immer wieder in die Ausgangsposition zurückkehren und erneut die Dehnposition einnehmen.
Dehnung der Gesäßmuskulatur	Passiv, statisch	Große, mittlere und kleine Gesäßmuskel	Es wird eine Rückenlage auf dem Boden eingenommen. Der Kopf liegt in Verlängerung der Wirbelsäule. Ein Bein wird mit einem Beugewinkel von 90° auf den Boden gestellt. Das andere Bein wird in der Hüfte nach außen rotiert und mit dem Unterschenkel auf das Standbein gelegt.

Tab. 5: Dehnprogramm

Dehnübung	Dehnmethode	Zielmuskulatur	Durchführung
			Zum Dehnen wird nun das Standbein am Oberschenkel gefasst und zum Oberkörper gezogen.
Dehnung der Hüftbeuger	Passiv, statisch	Lendendarmbeinmuskel, lange Schenkelstrecker	Es wird eine stabile Schrittstellung am Boden eingenommen. Der Rücken ist gerade und der Kopf ist in Verlängerung der Wirbelsäule. Das vordere Bein ist im Kniegelenk 90° gebeugt und steht mit dem gesamten Fuß auf. Auf das vordere Bein wird der Oberkörper mit den Händen abgestützt. Das hintere Bein liegt mit dem Knie und dem Unterschenkel auf. Nun wird der Körperschwerpunkt nach unten verlagert. Das Becken wird nach vorne unten geschoben. Während der Dehnung bleibt der Oberkörper aufrecht.
Dehnung der Beinstrecker	Passiv, statisch	vierköpfige Oberschenkelsrecker	Es wird ein aufrechter, stabiler und hüftbreiter Stand eingenommen. Die Beine sind dabei leicht gebeugt. Der Rücken ist gerade, der Kopf in Verlängerung der Wirbelsäule. Es wird eine Spannung in der Gesäß- und Rumpfmuskulatur aufgebaut. Mit einer Hand wird das Sprunggelenk des Beines der gleichen Seite umfasst und die Verse maximal zum Gesäß gezogen. Die Hüfte wird nach vorne geschoben und die Oberschenkel sind parallel zueinander. Das Knie des gedehnten Beines zeigt nach unten. Der freie Arm balanciert den Körper aus.

Tab. 6: Dehnprogramm

Dehnübung	Dehnmethode	Zielmuskulatur	Durchführung
Dehnung der Beinbeuger	Passiv, statisch	zweiköpfige Oberschenkelbeuger, Halbsehnenmuskel, Plattsehnenmuskel	Es wird eine Rückenlage auf dem Boden eingenommen. Der Kopf liegt in Verlängerung der Wirbelsäule. Ein Bein wird leicht angewinkelt und auf dem Boden abgestellt. Das andere Bein wird mit beiden Händen an der Oberschenkelrückseite erfasst und maximal zum Oberkörper gezogen. Das Bein wird nun durch die Kontraktion des vierköpfigen Schenkelstreckers maximal gestreckt.
Dehnung der Adduktoren	Passiv, postisometrisch	Kammmuskel, große Oberschenkelanzieher, lange Oberschenkelanzieher, kurze Oberschenkelanzieher	Zuerst wird die zu dehnende Muskulatur isometrisch für 6-10 Sekunden kontrahiert. Anschließend wird die Muskulatur für 2-3 Sekunden entspannt. Danach wird die Dehnposition wieder für 10-20 Sekunden gehalten. Es wird eine aufrechte und stabile Sitzposition auf dem Boden eingenommen. Der Rücken ist gerade und der Kopf in Verlängerung der Wirbelsäule. Die Beine sind im Kniegelenk gebeugt und im Schneidersitz positioniert. Die Hände umgreifen das Sprunggelenk und die Fußsohlen zeigen zueinander und die Ellenbogen liegen auf den Oberschenkel. Die Muskulatur wird zunächst kontrahiert indem die Beine gegen die Ellenbogen drücken. Nach 6-10 Sekunden löst sie die Kontraktion wieder und entspannt 2-3 Sekunden. Danach werden die Beine an der Oberschenkelinnenseite mit den Ellenbogen Richtung Boden gedrückt. Diese Position wird für 10-20 Sekunden gehalten.

Tab. 7: Dehnprogramm

Dehnübung	Dehnmethode	Zielmuskulatur	Durchführung
Dehnung der Wadenmuskulatur	Passiv, statisch	Zwillingswadenmuskel, Schollenmuskel	Es wird ein stabiler aufrechter Stand eingenommen. Der Rücken ist gerade, der Kopf ist in Verlängerung zur Wirbelsäule, es wird eine leichte Schrittstellung eingenommen und die Rumpfmuskulatur baut Spannung auf. Das hinten stehende Bein wird gestreckt und steht mit der ganzen Fußsohle auf dem Boden. Das andere Bein wird vor dem Oberkörper mit gebeugtem Kniegelenk platziert. Der Oberkörper wird leicht nacht vorne geneigt und mit den Händen auf den Oberschenkel abgestützt. Der Oberkörper und das hintere Bein müssen eine Linie bilden und die Fußspitzen zeigen nach vorne. Der Oberkörper muss durch eine Beugung im vorderen Bein nach unten verlagert werden.

Belastungsgefüge

Die Person sollte das Dehnprogramm 3 mal die Woche durchführen und drei Serien á 40 Sekunden machen. Das Dehnprogramm wurde so gewählt, dass der ganze Körper abdeckt wurden ist. Dadurch kann die bereits gute Beweglichkeit, die im Beweglichkeitstest herausgestellt wurde, erhalten werden und die leichten Defizite verbessert werden. Da keine deutlichen Beweglichkeitsdefizite festgestellt wurden, wurde auf eine Schwerpunktsetzung bestimmter Muskelgruppen verzichtet. Das Minimalprogramm für ein Dehntraining reicht aus, um also Trainingsbeginnern die Beweglichkeit zu verbessern. Auch die Dehnintensität sollte so gewählt werden, dass ein Dehnen unterhalb Schmerzschwelle stattfindet (Rancour, Holmes & Cipriani, 2009). Deshalb wurde dieses gewählt.

4   Trainingsplanung Koordinationstraining

1. Übung: einbeiniger Stand auf dem Boden mit geöffneten Augen

Die Person steht zunächst etwas mehr als hüftbreit und mit geradem Oberkörper auf dem Boden. Der Blick ist nach vorne gerichtet. Nun wird das eine Bein etwas vom Boden angehoben. Bauch- Rücken- Beckenmuskulatur werden angespannt. Die Person muss nun versuchen einen stabilen Stand zu wahren und das Bein versuchen nicht abzusetzen. Davon werden 4 Sätze, jeweils 2 Sätze pro Bein und 30 Sekunden Haltedauer. Zwischen den Sätzen wird eine Pause von 20 Sekunden gemacht.

2. Übung: einbeiniger Stand auf dem Boden mit pendeln eines Beines mit geöffneten Augen

Die Person steht zunächst etwas mehr als hüftbreit und mit geradem Oberkörper auf dem Boden. Der Blick ist nach vorne gerichtet. Bauch- Rücken- Beckenmuskulatur werden angespannt. Nun wird das eine Bein etwas vom Boden angehoben und langsam nach vorne und hinten gependelt. Die Person muss nun versuchen einen stabilen Stand zu wahren und das Bein versuchen nicht abzusetzen und gleichmäßig mit dem Bein zu pendeln. Davon werden 4 Sätze, jeweils 2 Sätze pro Bein und je 10 Wiederholungen gemacht. Zwischen den Sätzen wird eine Pause von 20 Sekunden gemacht.

3. Übung: einbeiniger Stand auf dem Boden mit pendeln eines Beines mit geschlossenen Augen

Die Person steht zunächst etwas mehr als hüftbreit und mit geradem Oberkörper auf dem Boden. Bauch- Rücken- Beckenmuskulatur werden angespannt. Die Augen sind geschlossen. Nun wird das eine Bein etwas vom Boden angehoben und langsam nach vorne und hinten gependelt. Die Person muss nun versuchen einen stabilen Stand zu wahren und das Bein versuchen nicht abzusetzen und gleichmäßig mit dem Bein zu pendeln. Davon werden 4 Sätze, jeweils 2 Sätze pro Bein und je 10 Wiederholungen gemacht. Zwischen den Sätzen wird eine Pause von 20 Sekunden gemacht.

4. Übung: einbeiniger Stand auf einer Gymnastikmatte mit geöffneten Augen

Die Person steht zunächst etwas mehr als hüftbreit und mit geradem Oberkörper auf der Gymnastikmatte. Der Blick ist nach vorne gerichtet. Bauch- Rücken- Beckenmuskulatur werden angespannt. Nun wird das eine Bein etwas vom Boden angehoben. Die Person muss nun versuchen einen stabilen Stand zu wahren und das Bein versuchen nicht abzusetzen. Davon werden 4 Sätze, jeweils 2 Sätze pro Bein und 30 Sekunden Haltedauer. Zwischen den Sätzen wird eine Pause von 20 Sekunden gemacht.

5. Übung: einbeiniger Stand auf einer Gymnastikmatte mit anheben eines Beines und Heben des entgegengesetzten Armes mit geöffneten Augen

Die Person steht zunächst etwas mehr als hüftbreit und mit geradem Oberkörper auf der Gymnastikmatte. Bauch- Rücken- Beckenmuskulatur werden angespannt. Zum angehobenen Bein wird zusätzlich der entgegengesetzte Arm angehoben, wobei der Blick zu diesem Arm geht. Ziel ist es auch, den stabilen Einbeinstand beizubehalten. Davon werden 4 Sätze, jeweils 2 Sätze pro Bein und je 30 Sekunden Haltedauer. Zwischen den Sätzen wird eine Pause von 40 Sekunden gemacht.

6. Übung: beidbeiniger Stand auf dem Therapiekreisel mit wechselndem Blick von links nach rechts

Die Person steht mit beiden Beinen hüftbreit und geradem Oberkörper auf dem Therapiekreisel. Die Fußspitzen zeigen leicht nacht außen. Dabei wird der Blick immer wieder langsam von links nach rechts gewechselt. Ziel ist es, so lange wie möglich die Balance auf dem Therapiekreisel halten ohne mit den Beinen auf den Boden zu gelangen. Davon werden 3 Sätze, je 40 Sekunden gemacht. Zwischen den Sätzen wird eine Pause von 30 Sekunden gemacht.

7. Übung: einbeiniger Stand auf dem Therapiekreisel mit geöffneten Augen

Die Person steht mit einem Bein und geradem Oberkörper auf dem Therapiekreisel und hat die Augen geöffnet. Bauch- Rücken- Beckenmuskulatur werden angespannt. Ziel ist nun, solange es geht auf diesem Bein zu balancieren ohne dabei mit dem anderen Bein den Boden zu berühren. Davon werden 4 Sätze, jeweils 2 Sätze pro Bein und je 30 Sekunden Haltedauer. Zwischen den Sätzen wird eine Pause von 40 Sekunden gemacht.

8. Übung: beidbeiniger Stand auf dem Therapiekreisel mit geschlossenen Augen

Die Person steht mit beiden Beinen hüftbreit und geradem Oberkörper auf dem Therapiekreisel. Der Bauch ist fest angespannt und die Atmung gleichmäßig. Nun werden die Augen geschlossen. Die Arme können zum Ausbalancieren genutzt werden. Davon werden 3 Sätze je320 Sekunden Haltedauer. Zwischen den Sätzen wird eine Pause von 40 Sekunden gemacht.

9. Übung: beidbeiniger Stand auf dem Therapiekreisel mit geöffneten Augen mit einem Ball

Die Person steht mit beiden Beinen hüftbreit und geradem Oberkörper auf dem Therapiekreisel. Der Trainer wirft der Person einen leichten Ball zu, der gefangen werden muss und wieder zurückgeworfen werden soll. Der Ball kommt aus verschiedenen Richtungen. Ziel ist es, den stabilen Stand dabei nicht zu verlieren und den Ball immer zu fangen und dabei mit den Beinen nicht den Boden zu berühren. Davon werden jeweils 3 Sätze je 30 Sekunden gemacht. Zwischen den Sätzen wird eine Pause von 40 Sekunden gemacht.

10. Übung: einbeiniger Stand auf dem Therapiekreisel mit geschlossenen Augen

Die Person steht mit einem Bein und geradem Oberkörper auf dem Therapiekreisel. Die Augen werden geschlossen. Bauch- Rücken- Beckenmuskulatur werden angespannt.- Ziel ist nun, solange es geht auf diesem Bein zu balancieren ohne dabei mit dem anderen Bein den Boden zu berühren. Die Arme dürfen zum Ausbalancieren benutzt werden. Davon werden 4 Sätze, jeweils 2 Sätze pro Bein und je 30 Sekunden Haltedauer. Zwischen den Sätzen wird eine Pause von 40 Sekunden gemacht.

Das zusammengestellte Koordinationstraining wurde für die Person mit dem Schwerpunkt des Gleichgewichtstrainings erstellt. Die Übungen bauen vom Schwierigkeitsgrad aufeinander auf. Es wurde mit einem Propriozeptionstraining begonnen, dass die Tiefensensibilität und die Körperwahrnehmung steigern soll. Das Ziel ist hier die gesteuerte Gelenkbewegung in verschiedenen Positionen. Es wurden sowohl statische als auch dynamische Übungen gewählt. Es wurden auch Übungen mit geschlossenen Augen gewählt. Auch diese Übungen führen dazu, dass die Eigenwahrnehmung gestärkt wird und das Gleichgewicht trainiert wird. Das Koordinationstraining und die Belastungsparameter werden individuelle auf den Leistungsstand und auf den zeitlichen Verfügungsrahmen der Person angepasst. Somit wird es 2 mal Pro Woche separat vom Dehntraining durchgeführt.

5   Literaturrecherche

Thema: „Effekt des Dehnens in Hinblick auf eine Verbesserung der sportlichen Leistungsfähigkeit"

Tab. 8: Literaturrecherche

	Studie 1 **Dehnen und Leistung – primär psychophysiologische Entspannungseffekte?**	Studie 2 **„Veränderung der Reaktionszeit und Ex- plosivkraftentfaltung nach einem passiven Stretchingprogramm und 10minütigem Aufwärmen"**
Wer hat die Studie durchgeführt?	- Institut für Sportwissenschaften der TH Darmstadt unter der Leitung von Prof. dr. rer. Medic Josef Wiemeyer	- Klinik für allgemeine Orthopädie in dem Kinesiologie Labor - Leitung von Dr. Dieter Rosenaum an der Westf.- Wilhelms- Universität Münster
In welchem Jahr wurden die Studien publiziert?	-2013	-1997
Mit welchen Versuchspersonen wurden die Studien durchführt ?	- 6 Frauen und 8 Männer - Durchschnittsalter von 21 Jahren, eine Durchschnittsgröße von 174 cm und ein Durchschnittsgewicht von 66 kg	- Probanden waren 55 männliche Sportler aus unter- schiedlichen Disziplinen - Durchschnittsalter 25,3 Jahre und die Durchschnittsgröße 181,9 cm
Wie sah der Versuchsaufbau der Studien aus ?	- zwei Testtage mit unterschiedlichem Testprogramm für die Teilnehmer - Dehn- bzw. Entspannungsprogramm umfasst drei Hauptkinetoren des Vertikalsprungs - hierbei handelt sich um den Hüftstrecker, Kniestrecker, Hüftbeuger, Kniebeuger, Fußbeuger - wurden beidseitig für je 20 Sekunden, jeweils drei mal passivstatisch gedehnt - als Kriterium zur statischen Analyse wird ein Durchschnittswert aus 4 Vertikalsprüngen mit frei wählbarer Ausholbewegung festgelegt - gibt jeweils 4 Sprünge mit anschließendem 5 minütigen standardisiertem Aufwärmprogramm - im Anschluss an das Aufwärmprogramm wurden wiederum 4 Vertikalsprünge durchgeführt - dieser Teil des Tests ist in beiden Phasen gleich - in Phase A kommt danach ein 6 minütiges passives Dehnen - in Phase B kommen meditative Atementspannungsübungen - beide Phasen führen danach wieder 4 Sprünge zur Kontrolle durch	- ohne sich vorher körperlich betätigt zu haben musste die Probanden im Testlabor untersuchen lassen - Ziel war die Ermittlung der dynamisch erzeugten isometrischen Plantarflexionskraft und die Flexibilität im Sprunggelenk - es gab 3 Versuchsbedingungen - wurden Tests ohne Vorbereitung, Messungen nach Stretchingübungen und Messungen nach 10 minütigen aufwärmen in Form von laufen gemacht - Temperaturanstieg wurde mit einem digitalen Thermometers auf der Haut gemessen - Teilnehmer mussten nach einem akustischen Signal schnellstmöglich den Fuß kräftig in einer mechanischen Vorrichtung strecken und danach sofort entspannen

Tab. 9: Literaturrecherche

| Welche relevanten Ergebnisse und Schlussfolgerungen liefern die Studien ? | Die kurzfristigen negativen Effekte von Dehnen auf die sportliche Leistungsfähigkeit sind in zahlreichen Untersuchungen nachgewiesen worden
- 3 Faktoren die negative Effekte auslösen: Veränderung der biomechanischen Eigenschaften des Muskel- Sehnen- Komplexes, periphere neuromuskuläre Veränderun-gen und zentrale psycho-physiologische Deaktivierungsprozesse
- im Hinblick auf die Verbesserung der muskulären Leistugsfähigkeit wurde gesagt, dass dynamische und isometrische Maximalkraft sowie dynamische Schnellkraft im Dehnungs-Verkürzungs-Zyklus durch statisches Dehnen nicht positiv beeinflusst wurde
- durch den Muskel- Sehnen- Komplex beim Dehnen eines Muskels kann dieser zunächst leicht deformiert werden, jedoch steigt mit zunehmender Dehnung der Widerstand exponentiell an
- eine 2,6% Verschlechterung der Sprungleistung der Gruppe des Dehnens nachweisen
- die andere Gruppe hat sich um 2,2% verschlechtert | Erhöhung der Körpertemperatur ist nur nach 10 minütigen Laufen festzustellen, nicht bei Stretching
- Temperaturerhöhung wird als Grund für körperliche Leistungssteigerung genommen
- die Gesamtreaktionszeit vom Auslösen des Signals bis zum ersten Anstieg im Kraftsignal war nach dem Stretching unverändert
- eine gering gesunkene maximalen Kraftentwicklung nach statischen Stretching
- was aber nach einem Aufwärmprogramm mit Laufen um 15% gesteigert werden konnte
- ein alleiniges statisches Stretching führt zu keiner Leistungsverbesserung
- eine Erhöhung der Flexibilität wird bestätigt |

6 Literaturverzeichnis

1) Eifler, C. (2016). Studienbrief Tainingslehre III - *Gesundheitsorientiertes Beweglichkeits- und Koordinationstraining* (rev.15.016.000). Saarbrücken: Deutsche Hochschule für Prävention und Gesundheitsmanagement

2) Rancour, J., Holmes, C. F. & Cipriani, D. J. (2009). The effects of intermittent stretching following a 4-week static stretching protocol: a randomized trial. *Journal of Strength and Conditioning Research*, 23 (8), 2217- 2222. http://www.trentsalo.com/uploads/1/3/0/5/13051674/the_effects_of_intermittent_stretching_following_a.6.pdf

3) Rosenbaum, D. & Henning, E.M. (1997) Veränderung der Reaktionszeit und Explosivkraftentfaltung nach einem passiven Stretchingprogramm und 10minütigem Aufwärmen. *Deutsche Zeitschrift für Sportmedizin*, 48 (3). http://www.zeitschrift-sportmedi-

zin.de/fileadmin/content/archiv1997/Heft03/1997_03_LEISTUNG%20NACH%20STRETCHING.pdf

4 9 Wiemeyer, J. (2003) Dehnen und Leistung – primär psyochophysiologische Entspannungseffekte?. *Deutsche Zeitschrift für Sportmedizin*, 54, (10). http://www.zeitschrift-sportmedizin.de/fileadmin/content/archiv2003/heft10/a03_10_03.pdf

7   Tabellenverzeichnis